AF190250

Beziehungscoach auf Pfoten

Erkunden der Menschenwelt

Christina Terle

by Balu

Erste Auflage, April 2018
Illustrationen und Buchumschlag: Romina Göbner

Vorwort

Dieses Buch widme ich meinen vierbeinigen Artgenossen, Kolleginnen und Kollegen. Ich möchte mit euch meine Erfahrungen mit den Zweibeinern teilen und euch Tipps für ein glückliches Hundeleben geben.

Ich sehe meine Aufgabe als erfüllt, wenn ihr durch mein Buch einen leichteren Einstieg in die Menschenwelt habt und euch die erste Zeit nicht eine Überraschung nach der anderen verwundert und verwirrt.

Ich möchte ganz offen sprechen und ehrlich zu euch sein: Ein Leben mit den Zweibeinern erfordert viel Geduld, Achtsamkeit und Gehorsam. Aber ich möchte es um nichts in der Welt missen! Denn die Liebe und die Streicheleinheiten, die wir geschenkt bekommen, entschädigen für alle Strapazen.

Bibliografische Information der Deutschen Nationalbibliothek
Die Deutsche Nationalbibliothek verzeichnet diese Publikation in der Deutschen
Nationalbibliografie; detaillierte bibliografische Daten sind im Internet über
http://dnb.de abrufbar.

Herstellung und Verlag: BoD – Books on Demand, Norderstedt
ISBN 978-3-7460-9127-3

Der Beginn eines Hundelebens

Mein Name ist Balu. Ich bin ein Kind der Liebe. Manche Menschen nennen mich auch Mischling. Ich habe keine Ahnung, was das bedeuten soll. Doch für Zweibeiner scheint es sehr wichtig zu sein, zu wissen, welche Rassen denn in mir stecken. Mein Frauchen antwortet dann immer: Ein bisschen Cocker Spaniel, ein wenig Malteser und ein Quäntchen Appenzeller. Alles was für mich zählt ist, dass ich das Ergebnis einer ganz großen Liebe zwischen meiner Mama und meinem Papa bin. Wie das alles genau passiert ist, kann ich euch nicht erzählen. Aber solche Einzelheiten sind ja auch nicht für Kinderohren bestimmt.

Vor nicht allzu langer Zeit habe ich noch mit meinen Geschwistern die Welt erkundet. Zu siebent haben wir jeden Tag gespielt, unsere Kräfte gemessen und getollt wie die Wirbelwinde.
Unsere Mama war sehr fürsorglich. Wir wurden gefüttert, geputzt und behütet. Je älter wir jedoch wurden, desto mehr haben wir auch an Strenge erfahren.

Eines Abends hat unsere Hundemama alle sieben Geschwister zu sich zitiert. Brav aufgereiht saßen wir, einer neben dem anderen, in der Wurfbox – unserem kleinen Reich. Niemand traute sich auch nur einen Mucks von sich zu geben. Mama Cindy thronte auf einer alten Holzkiste vor unserer Box und erzählte uns all die Hundeweisheiten, die sie im Laufe ihres Lebens gesammelt hatte:

»Zweibeiner würden in ein paar Wochen kommen, um uns ein neues Zuhause zu geben. Wir hätten dort eine Box ganz für uns allein, einen Fress- und Wassernapf, die nur uns gehören und einen Menschen, den wir – wenn alles gut ging – nicht mit anderen Vierbeinern teilen mussten. Die Menschen würden sehr lieb zu uns sein, da war sich Mama Cindy sicher. Aber sie werden sich auch seltsam und manchmal etwas merkwürdig verhalten. Wir sollten uns in Geduld üben und sehr nachsichtig mit ihnen sein. Denn ganz oft – so prophezeite Mama Cindy uns – würden sie uns einfach nicht verstehen.«

Ich glaubte meiner Mama kein Wort!

Die Sache mit dem eigenen Fress- und Wassernapf und den Streicheleinheiten, um die ich nicht buhlen musste, klangen ja wirklich gut. Der Rest jedoch....? Hm, ich hoffte mal, diese Zweibeiner würden nicht allzu komisch sein. Jedenfalls war ich mir sicher, dass ich ihnen schon beibringen würde, wie so ein Hundeleben funktioniert.

Im Anschluss an die Predigt gab es nochmals eine ganz besondere Kuschelstunde mit Mama und Futter. Beides ließen mich die komische Schauergeschichte über Zweibeiner bald vergessen.

LERNSTUNDE mit Mama Cindy

Heute muss ich zugeben: Mama Cindy hatte Recht! Und sie hat uns damals nicht mal die Hälfte all der menschlichen Eigenarten verraten. Dies habe ich zum Anlass genommen, meinen vierbeinigen Artgenossen da draußen die Wahrheit über die Menschen und all die erlebten seltsamen Begebenheiten zu erzählen.

Reise in eine andere Welt

Nach dem ernsten Vortrag von Mama Cindy vergingen noch wunderbare Tage voller Spiel und Spaß. Doch dann kamen sie wirklich – diese Menschen! Sie schienen sich zu freuen und waren teilweise auch richtig aufgeregt.

Tag für Tag wurden wir weniger. Ein Geschwisterchen nach dem anderen wurde von seinen Zweibeinern abgeholt. In den 10 Wochen nach meiner Geburt haben mich meine Menschen zweimal besucht. Ein Weibchen und ein Männchen. Etwas jünger als Mama Cindys Zweibeiner, aber nicht so jung wie ihr bester Freund, der kleine Zweibeiner. Ich konnte sie gut leiden und wusste sofort, dass ich zu ihnen gehören würde. Ich spürte ein besonderes Band zwischen ihnen und hatte die Gewissheit, dass sie *meine* Zweibeiner waren. In den Tagen des Aufbruchs fragte ich mich jedes Mal, wenn es an der Tür klopfte, ob ich wohl nun als Nächster in mein neues Zuhause fahren würde.

Meine Familie schenkte mir noch ein paar Tage. Ich wurde als Vorletzter abgeholt und konnte noch einige Zeit mit Mama Cindy und meinem Bruder Samu verbringen.

Doch schließlich war der Tag da, an dem auch meine Zweibeiner ihre Köpfe in unsere Wurfbox steckten. Die beiden Menschen freuten sich sehr, als ich schwanzwedelnd auf sie zukam. Meine Zweibeinerin duftete wunderbar und so vergrub ich mein Köpfchen in ihrem Schoß und gab ihr – ganz vornehm – ein Küsschen auf die Hand.

Nach der Begrüßung kramten die Beiden ihr Geschenk hervor. Sie hatten mir ein blaues Schmuckstück mitgebracht, das sie mir um Hals und Brust legten. Naja, zumindest versuchten sie es. Was soll ich sagen?! Sie stellten sich nicht gerade geschickt an. Dreimal musste ich die ganze Prozedur über mich ergehen lassen, bis sie zufrieden waren. Vier dünne Schnüre schmiegten sich um meinen zarten Körper und zerdrückten ein wenig mein nachtschwarzes Fell. Zudem verdecken sie meine wunderschönen weißen Brusthaare, die wie Mondlicht in der Nacht durch meine schwarzen Locken schimmerten. Mein Resümee: Das Schmuckstück war nicht besonders hübsch und schmeichelte mir nicht, aber ich behielt es.

Mama Cindy schleckte mir noch mal liebevoll über mein Köpfchen und gab mir einen kleinen Stups, der mich in eine ganz neue Welt befördern sollte. Ich wurde in eine weiche, braune Decke gewickelt, die ein wenig nach meiner Mama roch. Keine Ahnung wie das möglich war. Anschließend setzten mich meine Zweibeiner in einen Wäschekorb und stiegen mit mir in eine große Metallbox. Mit einer ähnlichen Box war ich vor ein paar Wochen bereits gefahren. Diese Boxen bewegen sich rasant vorwärts, aber das machte mir nichts aus. Man konnte gemütlich die vorbeiziehende Landschaft beobachten oder einfach schlafen, sobald man müde wurde. Wir haben Ewigkeiten in dieser Box verbracht, was mich zu dem Entschluss kommen ließ, dass mein neues Zuhause wohl in einer anderen Welt sein musste.

Ich wurde etwas unruhig. Doch dann erinnerte ich mich an Mama Cindys Worte und übte mich in Geduld. Das Frauchen machte es mir leicht. Ich bekam fortwährend Streicheleinheiten. Sie schien es gut mit mir zu meinen und ich mochte sie sehr.

Dann waren wir endlich angekommen und stiegen aus dem Metallding. Die Geräuschkulisse war gewaltig und Tornados voller Duftnoten wirbelten mir in die Nase. Wir gingen in einen kleinen Garten und ich erleichterte mich und vertrat mir ein wenig die Beine nach der langen Fahrt. Anschließend hob man mich abermals hoch und es ging weiter durch ein Treppenhaus. Ich schaute mich genau um und genoss die Nähe zu meinem Frauchen. Als wir endlich stehen blieben, öffnete das Herrchen eine weiße Türe! Frauchen setzte mich auf den Boden und ich betrat zum ersten Mal mein neues Zuhause!

Sorgsam schnüffelte ich mich den ganzen Flur entlang. Es roch nach Menschen.

Das sollte sich bald ändern! Schließlich sollte jeder merken, dass ich nun auch hier wohne.

Am Ende des Flurs lag ein großes Zimmer und was ich da entdeckte, ließ mein kleines Herz höherschlagen.

Eine Couch! Sie war riesig und violett!

An diesem Punkt sollte ich wahrscheinlich erwähnen, dass ich der erste meiner Geschwister war, der in seinem alten Zuhause die graue Couch erklommen hatte. Die anderen – vor allem meine kleinen Schwestern – brauchten immer Hilfe. Ich jedoch schaffte es bald ganz alleine und erntete dafür viel Lob und Anerkennung von den Zwei- und Vierbeinern.

Natürlich wollte ich auch meine neue Familie beeindrucken. Ich nahm mit aller Kraft Anlauf und landete mit einem Sprung auf der schönen Couch. Und dann hörte ich es: »Nein!«

Mein erstes „Nein!".

Was das wohl zu bedeuten hatte? Ich verstand es nicht.

Wisst ihr, wenn ihr nämlich zu den Zweibeinern kommt, müsst ihr ihre Sprache – Menschisch – lernen. Und das ist ehrlich gesagt gar nicht so einfach. Anfangs hört ihr nur Gelaber und zwischendurch euren Namen. Nach ein paar Tagen wird es einfacher und ihr beginnt einzelne Wörter aufzuschnappen. Wie zum Beispiel „Super!", „Brav!", „Hübsch!", „Aus!" oder eben „Nein!".
Also – nach meinem geglückten Versuch auf der Couch zu landen – vernahm ich mein erstes „Nein!".

Sekunden später saß ich wieder am Boden. Frauchen hatte mich von der Couch gehoben und auf den Boden gesetzt.

Ich blickte sie lange an und versuchte akribisch dieses Wort „Nein!" zu deuten. Sie lächelte sanft. Schließlich kam ich zu dem Schluss, dass es wohl bedeuten musste, ich sollte ihr nochmal zeigen, wie toll ich auf die Couch springen konnte.

Also nochmal!

Anlauf und meine linke Vorderpfote hatte gerade die Sitzfläche der Couch berührt, da ertönte es abermals: „Nein!".

»Diese Menschen sind aber ziemlich fordernd«, dachte ich mir. Ich zeigte ihnen noch drei Mal, wie sportlich ich war und als ich müde wurde, legte ich mich auf eine Decke am Boden und rollte mich zu einer kleinen Kugel zusammen. Die Menschen setzten sich zu mir und strichen mir sanft über mein Fell.

Nächtliche Stunden im neuen Zuhause

Meine lieben PfotenfreundInnen, ich möchte euch keine Angst machen, aber die erste gemeinsame Nacht mit den Zweibeinern war richtig ungemütlich.

Ich musste ganz alleine schlafen! In einer verschlossenen Box mit Gittern. Mir fehlten meine sechs Geschwister sehr. Ihr Herzschlag, der im Gleichklang mit dem Meinen schlug, das warme Fell, der tiefe Atem und der Duft des Rudels. »Wie es den anderen wohl ging?«, fragte ich mich.

Einige Male in dieser endlos langen Nacht war meine Sehnsucht so groß, dass ich leise wimmerte. Mein Frauchen, welches über mir auf der Couch schlief, streckte dann ihre Hand durch die Gitterstäbe und flüsterte liebevoll meinen Namen, begleitet durch ein ruhiges „Schsch". Diese Gesten spendeten mir ein wenig Trost und ließen mich immer wieder einnicken.

Aber die Einsamkeit und die Sehnsucht dieser ersten Nacht waren bei weitem nicht das Schrecklichste. Alle paar Stunden wurde ich gepackt, die Treppen hinunter in einen gruseligen Innenhof getragen, um dort mein Geschäft zu verrichten. Und als Belohnung gab es anschließend nicht etwa eine gemeinsame Spielstunde, sondern ein weiteres „Schsch" und die Aufforderung weiterzuschlafen.

Was für eine Nacht! Zum Glück konnte ich all den verpassten Schlaf während des nächsten Tages, dicht an Frauchen und Herrchen gekuschelt, aufholen.

Die erste Nacht ist die Schlimmste! Anschließend wird es besser – ich verspreche es euch.

Ich hasste diese ungemütliche von Gitterstäben umzingelte Box. Das gab ich meinem Frauchen in den darauffolgenden Nächten auch zu verstehen. Bald darauf war sie verschwunden und ich bekam ein Körbchen.

1:0 für mich.

Ich hatte die Box vertrieben! Da ich mich nun frei bewegen konnte, schaffte ich es in der Nacht, mich an das Fußende der Couch zu kuscheln, sobald mein Frauchen eingeschlafen war. Auch musste ich nicht mehr so oft nach draußen. Hin und wieder, wenn es ganz dringend war, verkroch ich mich in eine Ecke, und machte dort einen kleinen See. Leider musste ich bald merken, dass meine Zweibeiner dies nicht sehr schätzten. Sie schimpften zwar nicht. Aber ich spürte, dass es ihnen nicht recht war und meist wurde ich nach meinem Malheur erst nochmal ins Freie gebracht. Irgendwann fand mein Frauchen die Couch nicht mehr bequem und sie zog sich zurück in ihr eigenes riesiges Körbchen. Ich hatte mich an ihre Nähe, ihren ruhigen Atem und den schönen menschlichen Geruch gewöhnt und wollte unbedingt mit in dieses Megakörbchen. Ein paar

Wochen klappte das wirklich gut. Ich schlief hervorragend und musste Frauchen nur noch einmal nachts wecken. Wenn es nach mir gegangen wäre, hätte es ewig so weitergehen können. Ich verhielt mich ganz ruhig am Fußende, brauchte wenig Platz und war mit meinem Küsschen ein sanfter und sehr pünktlicher Wecker am Morgen.

Eines Tages jedoch, keine Ahnung, wer Frauchen den Floh ins Ohr gesetzt hatte, durfte ich nicht mehr ins Bett. Sie trug ihren Entschluss nicht mit voller Überzeugung, das konnte ich spüren. Und doch blieb sie konsequent. Die Türe zum Menschenkörbchen wurde geschlossen! Ich protestierte, jammerte, weinte und versuchte sie davon zu überzeugen, dass gemeinsames Schlafen und morgendliches Kuscheln doch wunderschön wären. Zudem war ihr Körbchen doch wirklich groß genug für uns Beide und ich überließ ihr immer den besten Platz.

Nichts half!

Ich regte mich zwei Nächte furchtbar auf. So sehr, dass mir nachts sogar ein Malheur in der Wohnung passierte. Das kam schon ewig nicht mehr vor. Ich schämte mich ein bisschen, als Frauchen meinen Mist wegputzen musste. Das war alles ihre Schuld! Warum nur musste sie unsere Schlafgewohnheiten so plötzlich ändern?
Die nächsten zwei Wochen waren ein Kampf. Den – ja liebe Artgenossen, ich muss es mir eingestehen – ich leider verloren habe. Wann

immer Frauchen die Tür zu ihren Gemächern auch nur einen Spalt offen ließ, schlüpfte ich hinein. Ich versuchte wirklich alles! Meinen süßesten Blick! Mich schlafend stellen! Bellen! Spielgebärde! Doch es war vergeblich. Irgendwann gab ich auf und sah ein, dass es besser für uns beide war, die Nacht getrennt zu verbringen.

Heute schlafe ich hervorragend. Wo, das verrate ich euch nicht. Ein paar Sachen müsst ihr auch noch alleine herausfinden.

Ich möchte euch jedoch Mut zusprechen. Die ersten Wochen sind echt mühsam. Da eure Menschen keine Geschäfte in der Wohnung dulden, werdet ihr – ob ihr wollt oder nicht – alle zwei bis drei Stunden ins Freie getragen. Ich empfehle euch deshalb, euch einfach rechtzeitig zu melden. Winseln und Bellen funktionieren hervorragend. Reine Körpersprache, wie unrund werden und sich im Kreis drehen klappen abends weniger gut. Diese Menschen sind einfach nicht achtsam genug. Meldet ihr euch rechtzeitig, verkürzt dies den nächtlichen Ausflug und ihr könnt nach verrichteten Angelegenheiten weiterschlafen. Außerdem gibt es auch noch ein Lob und oft ein Küsschen, aber dazu später mehr.

Ungerechtigkeiten

Es gibt Tage, da wünschte ich, ich wäre mein Mensch

Oh wie sehr hatte Mama Cindy doch Recht! Menschen sind seltsam und auch ziemlich ungerecht.

Ein paar Dinge konnte ich wirklich nur mit bedingungsloser Liebe akzeptieren.

Die Geschäfte

Ich habe ja bereits erwähnt, dass wir alle Geschäfte im Freien verrichten sollten. Vor den Augen anderer Menschen und bestärkt durch das ständige Loben unseres Zweibeiners. Sie begleiten uns andauernd und sind auch in den intimsten Momenten immer dabei.

Unsere Menschen dagegen schließen sich ein, wenn es ums Geschäft geht. Ja, ihr habt richtig gehört! Wir dürfen weder mit in diesen Raum, noch ist es uns erlaubt, sie mit Gebell anzufeuern. Das mögen sie überhaupt nicht! Und falls ihr es doch versucht, dann gibt es ein harsches „Nein!".

Das Fell

Wir werden gestreichelt, gebürstet und geputzt und wir lieben es! Wenn wir jedoch am Fell unseres Menschen ziehen und beißen, dann werden wir zurechtgewiesen. Ich konnte das anfangs gar nicht verstehen. Schließlich wollte ich ihnen doch auch meine Liebe zeigen.

Später habe ich gelernt, dass die Menschen sehr fragil und empfindlich sind. Abschlecken geht in Ordnung, beißen nicht – auch nicht, wenn ihr es ganz vorsichtig versucht.

Das menschliche Fell hat auch noch eine weitere Eigenheit. Es ist wechselbar! Ja, ihr habt mich richtig verstanden. Die Menschen können ihr Fell wechseln! Mein Frauchen hat fast jeden Tag ein neues Fell über die Haut gezogen. Und ich sehe ein, dass es weh tut, wenn ich mit ihrem aktuellen Fell spiele. Wie gesagt, Menschen halten nicht viel aus. Was jedoch das abgelegte Fell angeht habe ich kein Verständnis. Warum darf ich dieses Fell nicht zum Spielen benutzen? Es duftet so schön nach meinem Menschen. Ich bin nun schon das eine oder andere Mal darauf hingewiesen worden, dass auch abgelegtes Fell (Kleidung) nicht zum Knabbern gedacht ist. Aber ich bleibe dran und ab und zu erwische ich doch eine abgelegte Pfote (Socken). Hm, die zu kauen und zu zerren ist himmlisch!

Fressen

Wohl mitunter die größte Ungerechtigkeit ist das Fressverhalten der Menschen. Wenn wir Hunde es wirklich guthaben, dann gibt es dreimal am Tag Essen – als Erwachsene nur noch zweimal. Aber ich habe in der Hundezone auch schon Gerüchte gehört, dass einige lediglich eine Mahlzeit am Tag einnehmen dürfen.

Die Armen!

Menschen hingegen scheinen ständig zu essen. Die gönnen sich auch mal einen Snack zwischendurch. Stellt euch das mal vor! Und nicht ungern laufen sie mit dem Snack in der Pfote auch noch durch die ganze Wohnung. Wir hingegen haben einen fixen Platz, an dem wir unser Fressen einnehmen sollen und bevor das Festmahl beginnt, müssen wir uns artig vor die Schüssel setzen und auf ein menschliches „Nimm" warten. Manchmal wünschte ich mir, ich könnte zwischendurch auch mal meine Fresslade öffnen und mir eine Kleinigkeit gönnen.

Die großen Mahlzeiten nehmen auch die Menschen im Sitzen ein. Auf hohen Hockern und sie benutzen seltsame Hilfsmittel, um das Essen ins Maul zu transportieren.

So umständlich!

Wenn ich mir das ganze Theater so ansehe, bin ich doch wieder recht froh, dass ich einfach bloß meine Schnauze in den Napf stecken muss oder alternativ meine Zunge in den Kong.

Zum Thema zusehen sei noch zu erwähnen: Ihr könnt euch das menschliche Mahl von eurem Platz aus ansehen, aber bitte versucht nicht zu betteln. Erstens bringt es nichts und zweitens mögen es die Menschen gar nicht, wenn sie beim Essen gestört werden. Und zumindest letzteres ist gut nachvollziehbar, ich nehme mein Mahl doch auch lieber in Ruhe ein.

Ausgehen

Ab und an würde ich gern mal allein die Welt erkunden. Schnüffeln wo, wann und wie lange ich will. Laufen so schnell ich kann und entlang gehen, wo es mir gerade beliebt oder mich meine Nase hinzieht. Ja, davon träume ich oft. Und auf der Wiese, im Wald oder wenn wir am Land sind wird mir dies auch gestattet. Jedoch ist das meines Erachtens nicht genug. So ein Alleingang am Tag wäre etwas Feines!

Vor allem weil Frauchen und Herrchen ganz oft alleine weggehen und mich zurücklassen. Die erleben dann sicher fantastische Abenteuer und duften meist herrlich, wenn sie wieder nach Hause kommen.

Warum darf ich das nicht auch?

Einmal habe ich es versucht!

Ich musste dringend mein Geschäft verrichten. Frauchen war gerade wieder dabei, einen ihrer Alleingänge vorzubereiten und ich habe die Chance genutzt. Als sie die Wohnungstüre öffnete, bin ich flink und agil durch die Tür geschlüpft. Rasant das Treppenhaus hinunter geflitzt. Unten kam mir ein Mensch entgegen. Wie praktisch. Er war so nett mir die Eingangstüre zu öffnen. Und schon war ich im Freien. Mein erster Alleingang – herrlich!

Hinter mir hörte ich mein Frauchen „Hier, Balu! Hiiiieeeer!"

Wie peinlich!

Keine Ahnung, warum sie sich so aufregte.

Ich kannte doch unseren Gassiweg. Und wie gesagt, eigentlich wollte ich nur kurz runter, um mein Geschäft zu verrichten.

Frauchen schrie weiter und ich machte den fatalen Fehler und blieb für ein paar Sekunden stehen. Schon hatte sie mich eingeholt, packte mich und trug mich zurück ins Haus. Ihr Herz raste und ließ mein Fell vibrieren. Salziges Wasser floss über ihre farblosen Wangen und sie sprach mit zittriger Stimme immer und immer wieder: »Mach das nie mehr! Hörst du? Nie mehr!«

Sie schien gar nicht glücklich über meinen kleinen Ausflug zu sein. Es war doch nicht meine Absicht sie traurig zu machen. Ich wollte doch nur mal alleine raus. Liebevoll kuschelte ich mich an sie und leckte ihr salzig schmeckendes Gesicht. Sie war jedoch wirklich böse und blieb ein paar Stunden, die sich wie eine halbe Ewigkeit anfühlten, beleidigt auf mich.

Gemeinsame Ausflüge

Da Alleingänge unerwünscht sind, begnüge ich mich mit unseren gemeinsamen Ausflügen. Eigentlich darf ich mich wirklich nicht beklagen. Ich unternehme wirklich viel mit meinen Menschen.

Der einzige Wermutstropfen ist, dass die Entscheidungsgewalt alleine bei ihnen liegt. Sie sagen wo es lang geht und wie schnell wir uns vorwärtsbewegen.

Ich gebe euch gern mal ein paar Beispiele und ihr sagt mir dann, ob es hier mit rechten Dingen zugeht:

✓ Hat mein Mensch etwas Interessantes gesehen, muss ich warten. Möchte ich mal etwas genauer betrachten, dann heißt es »Weiter, Balu!«

✓ Ziehe ich mal an der Leine, weil ich vor lauter Aufregung und Freude ganz schnell wohin möchte, werde ich getadelt. Trödel ich mal hinter meinen Menschen her, weil ich alle Dürfte in mich aufnehmen möchte oder bereits ein bisschen müde bin, kann es schon vorkommen, dass mein Mensch mal an der Leine zieht. Also wirklich! Wenn es so wichtig ist nicht an der Leine zu ziehen, dann sollte das auch für beide Seiten gelten.

✓ Meine Menschen sind etwas unhöflich. Leider muss ich das so sagen. Sie begrüßen andere

Menschen nur, wenn wir am Land oder am Berg sind. In der Stadt hingegen ignorieren sich Menschen, die aneinander vorbeigehen, gänzlich. Ich hingegen bin ein sehr freundlicher Zeitgenosse. Für eine kurze Begrüßung sollte man sich immer einen Moment Zeit nehmen. Sehe ich einen Artgenossen, dann möchte ich ihn auch gebührend begrüßen. Leider erlaubt mir das mein Mensch nicht immer. Bis heute kann ich dies nicht ganz verstehen. Immerhin habe ich ein paar gute Freunde und die mögen meine Menschen auch. Die darf ich dann so stürmisch und so ausgiebig begrüßen, wie ich möchte.

✓ Die Leine! Anfangs dachte ich, mein Frauchen vertraut mir nicht genug und möchte mich mit einer Leine an sich binden. Ich liebe sie doch abgöttisch und würde sie nie verlassen. Wenn wir mal ohne Leine unterwegs sind, drehe ich mich alle paar Minuten um, um sicherzugehen, dass meine Menschen noch da sind. Rufen sie mich mit „Hier", komme ich prompt zurück.

Meistens halt!

Manchmal, wenn sie nur ein paar Schritte hinter mir sind und ich mich gut auskenne, sehe ich wirklich keinen plausiblen Grund, umzukehren. Dann bleibe ich einfach stehen und warte.

Heute weiß ich, dass die Leine meiner Sicherheit dient. Ich versuche es zu akzeptieren. Aber zuweilen, wenn die Leine mich wirklich ärgert, dann nehme ich sie ins Maul und ziehe ganz fest daran. Ui, ich kann euch sagen, das ärgert meine Menschen sehr. Ich weiß das wohl, aber mich ärgert die Leine eben auch hin und wieder. Wie heißt es so schön, ein paar Konflikte halten die Liebe am Leben.

Ich bin ein Hund mit Charakter und nicht sehr unterwürfig. Natürlich möchte ich hier niemanden aufstacheln, ihr solltet selbst für euch entscheiden, wie folgsam ihr sein möchtet. Wichtig ist es, zu wissen, wie ihr den Menschen dann wieder besänftigen könnt. Und ich habe da so einige Tricks im Repertoire. Ein kleiner Tipp am Rande – der berühmte und herzerwärmende Hundeblick entfaltet fast immer seine Wirkung.

Trotz all der oben genannten Ungerechtigkeiten möchte ich schlussendlich doch nicht mit meinen Menschen tauschen gehen.

Ihr fragt euch bestimmt warum?

Zu allererst einmal muss ich mich nicht um mein Fressen kümmern. Ich bekomme täglich leckere Mahlzeiten und es kümmert mich nicht, woher sie kommen. Im Gegensatz dazu beobachte ich, wie meine Menschen tütenweise ihr Fressen nach Hause schleppen müssen.

Woher ich das weiß?

Na, Kontrolle natürlich.

Sobald jemand mit einer Tüte durch unsere Türe geht, stecke ich meinen Kopf hinein. Ich möchte ja nicht verpassen, wenn auch mal etwas für mich dabei ist.

Ein weiterer Hundevorteil betrifft die Fellpflege. Ich habe mich ja nun damit abgefunden, dass ich alle paar Tage geduscht und gebürstet werde. Mit Leckerli als Belohnung lasse ich das ohne großen Widerspruch über mich ergehen. Doch es ist kein Vergnügen. Wenn ich mir dann meine Menschen anschaue wie sie sich täglich waschen, bürsten und pflegen müssen, da möchte ich wirklich nicht tauschen. Vor allem das laute Monster, das heiße Luft spuckt (Fön) finde ich gefährlich. Jedes Mal, wenn Frauchen es hervorholt, beäuge ich es kritisch. Und wenn es allzu lange vor sich hin brummt, kann es auch passieren, dass ich es mal anbelle.

Für uns spricht auch unsere ausgezeichnete Beobachtungsgabe. Hier müsst ihr eure Menschen wirklich unterstützten. Es ist eine unserer wichtigsten Aufgaben, die Menschen auf all das Schöne um sie herum aufmerksam zu machen.

Und nicht zuletzt liebe ich es, auch mal zu faulenzen. Meine Menschen dürfen anscheinend nur schlafen, wenn es draußen dunkel wird, ich jedoch kann mich jederzeit in eine Ecke kuscheln und vor mich hindösen. Herrlich, sage ich euch.

Menschisch

Ich habe euch ja bereits angekündigt, dass es eine eurer wichtigsten Lernaufgaben in den ersten paar Wochen sein wird, die menschliche Sprache zu verstehen. Stresst euch anfangs nicht zu sehr. Ihr werdet es schon lernen.

Nein ist nicht immer Nein

Nur beim „Nein" empfehle ich euch, standhaft zu bleiben. Ihr solltet ein Nein lediglich dann akzeptieren, wenn es konsequent angewandt wird. Unter Konsequenz verstehe ich das 50-fache Wiederholen in derselben oder zumindest sehr ähnlichen Situation. Ihr werdet bald merken, dass nicht jedes ausgesprochene Nein ein konsequentes Nein ist. Wäre ich anfangs gutgläubig gewesen, dann dürfte ich jetzt nie auf der Couch mit meinen Menschen kuscheln. Und das abendliche Couchkuscheln gehört schließlich zum Abschluss eines glücklichen Hundetages.

Ohren kann man auch auf Durchzug stellen

Ganz ehrlich, meistens verstehe ich meine Menschen. Aber es gibt Situationen, in denen höre ich ihnen einfach nicht zu. Es fällt mitunter schwer sich zu konzentrieren, wenn einem gerade die süßesten Düfte um die Nase fliegen oder ein hübsches Hundemädchen auf der anderen Straßenseite vorbeistolziert. Zuweilen sehe ich jedoch einfach nicht den Sinn darin, meinen Menschen zu gehorchen.

Ein Beispiel gefällig?

Wir gehen unsere gewohnte Gassirunde und mein Frauchen sagt plötzlich „Schau" oder „Touch", was bedeutet, dass ich in ihre Richtung blicken oder mit meiner Nase ihre Handfläche stupsen soll. Warum sollte ich das tun wollen, wenn ich in meiner Umgebung gerade die spannendsten Sachen erblicke? Manchmal muss man einfach Prioritäten setzten. Und wenn ich mich da entscheiden soll zwischen Abenteuer erleben und meinem Menschen zu gehorchen, na, dann muss ich nicht zögern. Liebe ArtgenossInnen, ich möchte euch natürlich nicht zur Revolution anstiften!

Alles ist gut

Diese drei Worte wirken wie Magie. Glaubt mein Mensch zumindest.

»Alles ist gut, Balu!«, versichert meine Zweibeinerin mir, wenn ich mich aufrege, wenn ich vor Schreck zusammenzucke oder mal etwas oder jemanden anbelle. Wenn jemand diesen Satz spricht, dann fühle ich mich ernst genommen und gehört. Was zur Folge hat, dass ich mich beruhige.

Jedoch unter uns: Ich glaube meinen Menschen kein Wort!

„Alles ist gut!" Na sicher doch.

Die haben ja keine Ahnung. Ihr Gehör nimmt nur laute Töne war, ihre Nase scheint die meiste Zeit verstopft zu sein und ganz oft handeln sie gegen ihren Instinkt und ihre ureigene Intuition.

Eines Abends bei einer nächtlichen Runde ist ein Kätzchen aus einer Gasse gerannt. Mein Frauchen hat sich so erschreckt, dass sie mich beinahe angesprungen wäre, ihre unruhigen Hände ließen meine Leine vibrieren und mit dem nächsten Atemzug ertönt ein »Alles ist gut, Balu!« Klar Frauchen, alles ist gut, du hast dich nur gerade vor einem kleinen Kätzchen erschreckt.

Höre ich auf unserem Korridor Schritte oder laute Stimmen sehe ich es als meine Aufgabe, meinen Menschen zu beschützen, weshalb ich – ihr werdet es nicht glauben können, dass ich dazu in der Lage bin – ein böses, sehr tiefes Bellen ertönen lasse. Mein Frauchen meint dann immer »Alles ist gut, Balu!«.

Aber nun mal ehrlich, woher will sie denn das wissen. Meist hört sie die Schritte gar nicht, oder erst, wenn sie bereits ganz nahe an unserer Türe sind und zudem hat sie ja keine Ahnung, zu wem diese Schritte gehören. In solchen Situationen stoße ich dann immer ein genervtes Schnaufen aus – oh ja, ich kann schnaufen – und lasse sie in dem Glauben, dass ich ihr zustimme und wirklich alles gut ist.

Ich könnte noch ein Dutzend weiterer Beispiele anführen, aber das möchte ich gar nicht. Es ist mir ein Anliegen, euch zu vermitteln, dass es eure Menschen nur gut mit euch meinen. Sie wollen nicht, dass wir uns stressen und deshalb werden sie uns immer und immer wieder sagen, dass alles gut ist, auch wenn wir wissen, dass dem nicht so ist.

Training für ein glückliches Zusammenleben

Der Ernst des Hundelebens hat für mich schon sehr früh begonnen. Mit nur 12 Wochen wurde ich zum Welpenkurs angemeldet und bekam zusätzlich noch meine eigene persönliche Trainerin.

Unter uns, mein Frauchen ist eine kleine Perfektionistin und möchte, dass ich die beste Ausbildung überhaupt bekomme. Aber das ist in Ordnung, ich liebe es zu lernen. Zumindest hat es Spaß gemacht, als ich noch klein war.

In der Pubertät fand ich Training richtig doof. Ich bin sehr strebsam und hatte bald die wichtigsten Grundkommandos gelernt. Die da wären „Hier", „Sitz", „Down", und „Touch". Aber wenn ihr jetzt denkt ich wäre ein typischer Streber, dann habt Ihr euch getäuscht. Es gibt durchaus Dinge, die ich einfach nicht lernen will.

SITZ = BLA

HIER = BLABLA

BLA = PLATZ

BLABLA = PFOTE

Die Ruhedecke

Eines dieser nervigen Dinge ist die Ruhedecke. Was das ist, fragt ihr euch? Das ist eine kleine Kuscheldecke, auf der ich zur Ruhe kommen sollte. Am liebsten hätten meine Menschen, dass sie die Decke einfach nur hinlegen, sie mich wie ein Magnet anzieht, ich mich darauf platziere und still und relaxed bin.

Tja, das hätten sie wohl gerne.

Diese Übung klingt so einfach. Aber ich schwöre euch, sie zählt zu den mitunter schwierigsten Aufgaben überhaupt. Stellt euch vor ihr seid im Park, umgeben von den tollsten Gerüchen und hohem Gras und ihr sollt ruhig auf einer Decke liegen. Oder ihr begleitet die Menschen ins Restaurant, es duftet nach Essen, unter dem Nebentisch liegt ein Artgenosse und alles ist in Bewegung und eure Aufgabe besteht darin, ruhig unterm Tisch auf eurer Decke zu liegen. Womöglich hat Frauchen, die Decke noch im letzten Eck ausgebreitet, von wo aus ihr wirklich schlechte Sicht auf das Geschehen habt.

Ihr seht was ich meine, oder?

Mein Fazit: Die Ruhedecke ist etwas für Langweiler!

Die Leine

Eine weitere Lektion, die ich noch nicht gelernt habe, ist das Gehen an lockerer Leine. Ich habe euch ja bereits erzählt, dass ich verstehe, dass die Leine meiner Sicherheit dient. Aber mal ehrlich, warum darf ich nicht auch mal ziehen und warum soll ich überwiegend auf der linken Seite gehen? Stellt euch den fabelhaftesten Duft vor, der von einem Baum auf der rechten Seite zwei Meter vor euch kommt. Wie kann man da ruhig bleiben und links bei Fuß neben dem Menschen hertrotten.

Die haben ja keinen Plan. Deren Nase nimmt ja wirklich nichts auf. Da sehe ich es doch als meine Aufgabe, sie zu all den tollen Gerüchen zu führen.

Naja, meine Menschen sehen das anders. Immer wenn ich an der Leine ziehe, bleiben sie abrupt stehen. Sie warten dann bis ich mich hinsetzte und anschließend setzten wir unseren Spaziergang fort. Anfangs hat das ja ganz gut geklappt, aber mit der Zeit wurde ich genervt. Ich freute mich auf einen tollen Auslauf und wir gehen drei Schritte und dann muss ich mich schon hinsetzen, weil die da hinter mir einfach zu langsam ist. Dann geht es weiter, ich laufe wieder los und schon wieder ist die Leine gespannt.

Wiederum hinsetzen, wieder los. Das macht doch keinen Spaß. Meinem Frauchen nicht und mir auch nicht. Und da sie versuchte, es zu überspielen, machte ich halt unser beider Frust kund und begann hysterisch zu bellen.

Schrecklich!

Besser funktioniert es, wenn Frauchen Leckerli aus ihrer Jackentasche kramt. Dann bekomme ich für jede Sequenz an der lockeren Leine Lob und Belohnung. Das macht Spaß, funktioniert aber auch nur auf bekannten oder langweiligen Spazierstrecken. Wenn die Umgebung neu und spannend ist und vielleicht auch noch eine Hundeauslaufzone in der Nähe ist, dann habe ich null Interesse an den Leckerlis.

Aber ich sehe schon, Frauchen wird bei dieser „Gehen an lockerer Leine" Sache nicht aufgeben. Wir werden uns irgendwie arrangieren müssen.

Ich möchte euch aber keine Angst vor dem Training machen. Wie gesagt, diese beiden Übungen sind für mich die schwierigsten. Alles andere ist einfach und macht auch noch riesigen Spaß.

<u>Sein Herz in meinen Pfoten</u>

Mein bisher größtes Erfolgserlebnis war, als ich das erste Mal meinem Herrchen die Pfote gegeben habe. Wir haben zuvor schon einige Male trainiert. Aber für mich war die Übung einfach sinnlos und so war ich bald frustriert, als ich es nicht auf Anhieb geschafft hatte. Ich bellte und ärgerte mich. Dann brachte ich dem Herrchen mein Zerrspiel, um mich abzulenken. Er ließ es gut sein. Aber ein paar Tage danach versuchte er es wieder.

Er forderte mich auf zu sitzen. Das gelang natürlich auf Anhieb. Anschließend versteckte er ein Leckerli in seiner Handfläche, schloss sie und streckte sie mir mit dem Kommando „Pfote" hin. Intuitiv hob ich meine linke Pfote und legte sie auf seine Hand, um ans Leckerli zu gelangen.

Oh ich werde nie vergessen, wie sehr er sich freute!

Die Augen glänzten und er strahlte mich an. Das war es also was er wollte! Von nun an wusste ich, was zu tun war. Wenn das Kommando „Pfote" kommt, dann lege ich meine Pfote in die meines Menschen, damit sie sich freuen. Und das wiederum freut mich!! Es freut mich sogar weitaus mehr als das Leckerli zur Belohnung. Aber das müssen sie ja nicht wissen, auf den kleinen Bonus muss ich ja deswegen nicht verzichten.

Meine Trainerin

Auch wenn ich jetzt schon groß bin, treffen wir uns mindestens einmal in der Woche mit unserer Trainerin. Es gibt noch so viel zu lernen. Sie hat so spannende Ideen für Spiele und manchmal klettere ich auch über Baumstämme oder hüpfe über Hindernisse. Das macht so großen Spaß, dass in meinen Augen Sternchen sind und mein Mäulchen ausschaut als würde ich lächeln.

Doch leider trainieren wir auch die faden, ruhigen Sachen. Ihr könnt euch gar nicht vorstellen, wie schwer es sein kann zu warten oder einfach nur da zu liegen. Und es entbehrt sich mir nicht einer gewissen Ironie, dass die Menschen – die ungeduldigsten Wesen überhaupt – von uns Geduld und Impulskontrolle verlangen.

Zeitweilen ermahnt unsere Trainerin mein Frauchen auch zu mehr Strenge. Dann blicke ich sie entsetzt an und kann es gar nicht fassen, was sie meinem Frauchen da einreden will. Aber ich habe sie bereits so ins Herz geschlossen und sie bringt mir auch immer besonders gute Belohnungen mit, dass ich ihr nicht mal böse sein kann, wenn sie mehr Strenge fordert.

Teenager – Gehirn wegen Umbau geschlossen

Ich war ungefähr sechs Monate, da bemerkte ich, dass mein Frauchen mich bei unseren täglichen Gassirunden wieder genauer beobachtete.

Was gab es da zu gucken?

Seit einer Ewigkeit verrichtete ich meine intimen Geschäfte brav im Freien. Ein bisschen Privatsphäre wird doch nicht zu viel verlangt sein. Ich verstand ihr plötzliches Interesse nicht. Ließ mich davon aber auch nicht beirren.

Eines Tages bekam ich plötzlich den Impuls mein Beinchen zu heben, um mich mal auf eine ganz neue Art zu erleichtern.

Frauchen ist ausgeflippt! Hat mich umarmt, überschwänglich gelobt und mir gesagt, ich wäre jetzt ein großer Junge.

Diese Szene war so unangenehm, dass ich mich beim nächsten Mal wieder wie gewohnt hinhockte und alle vier Pfoten fest am Boden ließ. Das ging noch einige Wochen so, bis ich mir ganz sicher sein konnte, dass der peinliche Vorfall vergessen war.

Dann schließlich probierte ich es aufs Neue und hob mein schlankes Beinchen elegant in die Höhe. Mein Frauchen tat so, als ob es die normalste Sache der Welt wäre, aber in ihren Augen schimmerte unübersehbar ein Funke Stolz. Eine neue Lebensphase begann. Meine Welpenzeit war nun abgeschlossen.

Die anfängliche Euphorie über meinen Eintritt ins Teenageralter ging bald vorüber. Mein Rudel und ich wurden auf eine harte Probe gestellt.

Erfüllte mein Beinchen-Heben meine Menschen anfangs noch mit Stolz, begann es sie bald zu nerven, dass ich es während unserer Spaziergänge alle 10 Sekunden tat. Sie verstanden wirklich nicht, wie wichtig es ist, sein Revier zu markieren.

Meine liebste Markierstelle waren schöne, große und überwiegend neue Autos. Ich hatte diese wohlüberlegt auserkoren, was meine Menschen zu amüsieren schien.

Ich sollte an dieser Stelle erwähnen, dass ich Autofahrten liebe. Mitunter stört mich nur, dass ich immer auf der Rückbank Platz nehmen muss – zumindest bei Frauchen. Herrchen versteht zum Glück mein Faible für Autos und lässt mich vorne sitzen. Unsere Männertouren sind unvergessliche Abenteuer und ich bin ein hervorragender Beifahrer. Auf unseren Ausflügen hatte ich die Gelegenheit Herrchen ganz genau zu beobachten und eines kann ich euch sagen, Autofahren ist wirklich nicht schwer. Es gibt da diesen Knüppel, den man ab und an bewegen muss und das große Rad, die restliche Zeit schaut man eigentlich nur aus dem Fenster. Und das große Fenster vorne ist wesentlich besser als die beiden kleinen auf der Rückbank.

Ich wäre ein guter Autofahrer, würde ich doch nur die Möglichkeit bekommen es unter Beweis zu stellen. Einige Male habe ich bereits versucht mich auf der Fahrerseite hinzusetzten, wurde jedoch sogleich wieder verscheucht.

Anscheinend dürfen Hunde nicht Autofahren. Vollkommen unverständlich! Somit begnügte ich mich damit, für Frauchen neue Autos auszuwählen und diese zu markieren.

Doch eines Tages nach einer Trainingseinheit hieß es plötzlich »Autos nein, Balu!«. Stellt euch das vor! Von heute auf morgen wurde mir strikt verboten Autos zu markieren.

Zum Glück gab es noch weitere neue Sachen zu entdecken. Meine Nase wurde immer besser und nahm plötzlich das betörende Parfüm von Hundemädchen auf. Ich konnte Ewigkeiten an Hausmauern oder Bäumen schnuppern und den wunderbaren Geruch der Hündinnen in mich einsaugen. Manchmal, wenn meine Menschen nicht so aufmerksam waren, schleckte ich auch daran. Ich weiß, dass ihr Ekel nur von ihrer Unwissenheit herrührt. Sie wissen nämlich nicht, dass ich zusätzlich zu meiner Nase noch ein Riechorgan in meinem Gaumendach besitze. Dank dessen kann ich mir ganz genau vorstellen, was es für tolle Hundemädchen in meiner Umgebung gibt und ob sie auch gerade auf Partnersuche sind.

Liebe PfotenfreundInnen, die Menschen tun mir irgendwie richtig leid. Ihnen fällt es wahnsinnig schwer, den richtigen Liebespartner zu finden. Da haben wir Vierbeiner es wirklich gut. Es ist doch so einfach: Man schaut, ob man sich gut riechen kann, dann zeigt man, dass man Interesse hat und versucht sein Glück. Ist man höflich und sehr charmant, steht der Liebe nichts im Wege.

Oder sagen wir mal, fast nichts. Was nämlich im Wege steht sind unsere Menschen. Oh, wie kann man nur so eifersüchtig sein. Sobald ich einem Hundemädchen Avancen mache und ihr ein paar Meter hinterherlaufe, vernehme ich bereits die Stimme meines Frauchens »Balu, hieeeeeer!«

Mein allerliebstes Frauchen, ich habe so viel Liebe zu geben, du musst doch nicht eifersüchtig sein. Ich habe auf alle erdenklichen Arten versucht ihr das beizubringen. Vergeblich! Zuletzt wurde es schon richtig peinlich auf der Hundewiese, weshalb ich mich kurzerhand entschloss, die besorgten Rufe einfach zu ignorieren. Ich muss zugeben, das war nicht meine beste Idee. Frauchen war danach ziemlich sauer und es vergingen ein paar Tage, bevor ich wieder ohne Leine auf der Hundewiese herumtollen konnte.

Aber sie war nicht die einzige Spielverderberin, auch mein Herrchen erklärte mir immer und immer wieder, dass ich auch als Mann eine Verantwortung tragen würde und wenn ich der nicht nachkomme, dann müssen Frauchen und er Balumente zahlen. BALUMENTE?! Keine Ahnung was er meinte. Doch das Wort beinhaltete meinen

Namen und alles, was ein Teil von mir ist, muss einfach gut sein!

So abenteuerreich meine Flegelzeit auch war, so bescherte sie mir nicht nur die eine oder andere nachdrückliche Ermahnung meiner Menschen, sondern auch Liebeskummer. Besonders abends, wenn die dunkle Nacht die Stadt umhüllte, war die Sehnsucht nach einer Geliebten fast unerträglich. Ich wimmerte, heulte und schüttelte meinem Polster mein Herz aus. Meine Menschen waren anfangs sehr unsensibel und fanden mein Benehmen lächerlich. Als jedoch die Wochen vergingen, wurden sie immer besorgter und schließlich sogar genervt von meiner allabendlichen Seifenoper.

In dieser besonderen Phase hatte ich auch keine große Lust auf unsere Trainingseinheiten. Es fiel mir sehr schwer, mich auf die Kommandos zu konzentrieren und ich war schnell gereizt und frustriert. Doch meine Menschen haben mich nie aufgegeben. Frauchen hat in dieser Zeit gelernt geduldig zu sein und Vertrauen in das große Ganze zu haben. Sie weiß es noch nicht, aber dieser Lernprozess wird sich auszahlen.

Zum Zeitpunkt der Veröffentlichung dieses Buches bin ich knapp ein Jahr und ich glaube, ich habe die schlimmsten Tage meiner Teenager-Zeit, als tausende von Hormonen, eine Party in meinem kleinen Köpfchen feierten, überstanden.

Glaubt mir, diese Phase ist nicht einfach. Es werden Tage kommen an denen ihr die Welt nicht versteht. Ich kann zwar nur für die männlichen Vertreter unserer Spezies sprechen, aber ich habe so ein Gefühl, dass es den Weibchen nicht anders geht. Ich wünsche euch ein Rudel, das sehr geduldig mit euch ist und dessen Liebe so groß ist, dass es über alle eure Unverschämtheiten in dieser Zeit hinwegsehen kann.

Spürnase – ich rieche etwas, was du nicht riechst

Ich möchte ja nicht angeben, aber meine Nase ist wirklich großartig. In meinem Schnüffelteppich finde ich alle Leckerlis binnen Sekunden. Im Wald erkenne ich unter 30 Stöckchen genau das eine, welches mein Mensch geworfen hat. Und natürlich kann ich auch die Spur von Menschen aufnehmen. Das ist mitunter sogar das Leichteste. Die riechen wirklich eigenartig.

Eines Tages bin ich mit Frauchen zu einer großen Wohnanlage gefahren und bekam den Befehl, an einer blauen Weste zu riechen. Anschließend folgte ich zielstrebig dem Geruch. Ich merkte zwar, dass meine Partnerin am anderen Ende der Leine wenig Vertrauen hatte, aber immerhin trottete sie mir brav nach. Wir überquerten einen kleinen Hof, bogen mal links ab und mal rechts und dann, hinter einem Mauervorsprung endete die Spur und da hockte er – ein riesiger Mann. Ich bin fast zu Tode erschrocken und ganz schnell hinter mein Frauchen getreten. Diese lobte mich sehr und der seltsame Mann gab mir Leberpaste zum Schlecken. Ich hatte somit alles richtig gemacht und schnell war klar, dass ich ein hervorragender Suchhund war.

Die Nasenarbeit macht nicht nur Spaß, sondern kann auch für eure Menschen recht nützlich sein.

Im Sommer fahren Frauchen und ich gerne an den Stadtrand zu einer riesigen Wiese. Dort kann ich durch das hohe Gras springen und so schnell laufen wie der Wind. Oft bin ich dann so geschwind, dass ich mit allen Vieren vom Boden abhebe und fliege. Ein herrliches Gefühl, wenn die Luft durch mein Fell streichelt und sich meine Ohren wie Flügel nach hinten ausbreiten.

Frauchen liebt es dann, mit dem komischen Kasten, der singt und manchmal auch spricht, vor mir herumzufuchteln (Handy). Ich verstehe das meistens nicht und finde ja, sie sollte viel lieber diese außergewöhnlichen Momente mit mir genießen. Aber da es ihr Spaß zu machen scheint mich zu fotografieren, akzeptiere ich es.

Ihr müsst wissen, mein Frauchen ist eine kleine Chaotin. Einmal, als wir da so durch das Gras liefen und sie Fotos machte und meine Leine in einer Hand und den Leckerlibeutel in der anderen trug, fing sie plötzlich an, in ihren Taschen zu kramen.

Mein erster Gedanke war: »Noch mehr Leckerli, oder gar ein Kauknochen?«.

Doch ihr verzweifelter Gesichtsausdruck trübte meine anfängliche Freude.

Was war los?

Ich wurde nervös und fing an zu bellen. Das wiederum machte Frauchen nervös. Und so standen wir planlos in der Wiese und wie aus dem Nichts kam das Kommando „Such!".

Ich schnüffelte und suchte, hatte aber ehrlich gesagt keinen Plan wonach. Wir gingen den Weg, den wir gekommen waren, auf und ab und immer wieder bat sie mich, doch zu suchen. Ich wurde müde und war genervt. Soviel Schnüffelarbeit ist anstrengend.

Irgendwann sind wir dann zum Parkplatz zurückgegangen und überraschenderweise wartete dort mein Herrchen und übergab meinem Frauchen, einen Schlüssel. Sie war immer noch traurig. Wir stiegen ins Auto und sie benutzte den Schlüssel zum Starten. Ich beobachtete alles von der Rückbank. Das war nicht unser Schlüssel, der verfügte nämlich über ein wunderschönes, glänzendes, rundes Metallstück.

Da erst verstand ich.

Mein Frauchen, dieser Schussel, hatte doch wirklich unseren Autoschlüssel verloren.

Ach, wenn sie mir das nur gleich mitgeteilt hätte, dann hätte ich ihn ganz bestimmt gefunden.

Frauchen war noch den ganzen Abend traurig. Nicht wegen des Schlüssels, der andere brachte das Auto ja auch zum Fahren, sondern wegen des schönen Metallstückchens.

Schließlich beruhigte sie sich. Sie hatte die Hoffnung losgelassen. So sind die Menschen leider, sie vertrauen selten darauf, dass alles wieder gut wird.

Am nächsten Abend fuhren wir abermals zu dem Gelände. Ich bekam noch eine Chance. Mit eingeschalteter Suchnase flitzte ich über die Wiese. Dann blieb ich stehen und wartete auf Frauchen. Sie kam an mir vorbei und lud mich ein weiterzugehen. Ich jedoch blieb wie versteinert sitzen.

Menschen sind manchmal wirklich schwer von Begriff.

Sie kam zu mir herüber und blickte zu Boden und da war er! Neben meiner Pfote lag unser Autoschlüssel mit dem schönen, glitzernden Metallding, das meinem Frauchen so viel bedeutete.

Sie umarmte mich und strahlte vor Glück. Ich jedoch spielte den Coolen. Es war doch klar, dass ich den Schlüssel wiederfinden würde.

Nachdenklich trottete ich weiter und überlegte mir, was ich nur machen sollte, damit Frauchen mir ein bisschen mehr vertrauen würde.

Meine lieben vierbeinigen KollegInnen, es wird eine eurer Aufgaben sein, herauszufinden, womit ihr eure Menschen glücklich machen könnt. Es gibt dafür leider keine allgemeingültige Anleitung und ihr habt spätestens an dieser Stelle bereits begriffen, dass Menschen sehr komplex sind. Ich bin mir jedoch sicher, ihr findet das passende Glücksrezept für euren Menschen.

Zum Abstrafen süß

Zu Beginn wollten meine Menschen und das ganze Rudel alles richtig machen. Das hat dazu geführt, dass sie mir ihre ganze Aufmerksamkeit schenkten. Insbesondere in herausfordernden Situationen vergaßen sie deshalb die Welt um sich herum. War zwar wirklich lieb gemeint, aber vielleicht nicht immer die beste Entscheidung.

Ich war an diesem Verhalten natürlich vollkommen unschuldig und bekam zu Unrecht den Spitznamen „Strafzettel-Balu".

Der Strafzettel war ein böses Papier, das meine Menschen unglücklich machte. Ähnlich wie Rechnungen.

Diese Rechnungen befinden sich manchmal in den grauen Kästchen im Eingangsbereich. An manchen Tagen ist das Kästchen leer, dann ist alles in Ordnung. Doch wenn Frauchen stapelweise Briefchen aus dem Kästchen nimmt, dann legt sich ihre Stirn in Falten, ihre Augen werden schmal und sie hält für einen Moment die Luft an. Ich habe mehrmals versucht, Rechnungen einfach zu zerfetzen und verschwinden zu lassen, aber meine Menschen haben meine Mithilfe nicht sehr geschätzt.

Dabei ist es doch so einfach. Alles, was einem nicht guttut, muss man loswerden. Frauchen, du hast noch so viel zu lernen!

Was die Strafzettel betriff, habe ich entschieden, dass meine Zuneigung meinen Menschen einfach lieb und manchmal eben auch teuer ist.

Den allerersten Strafzettel bekamen wir auf unserer Fahrt in der Metallkiste ins neue Zuhause. Herrchen, warum bist du nur so schnell gefahren? Ich bin doch so geduldig und es hätte mir nichts ausgemacht mein Für-immer Zuhause ein bisschen später kennen zu lernen.

Dann gab es Strafzettel für vergessene Parkscheine beim Tierarzt und beim Hundefriseur und fürs Halten im Abstellverbot vor der Haustüre, weil Frauchen meine Leine vergessen hatte.

Ich glaube diese Strafzettel werden von Menschen gemacht, die keine Tiere haben, sonst müssten sie die Vergesslichkeit meiner Menschen doch nachvollziehen können. Vielleicht treffe ich eines Tages einen Strafzettel-Aussteller und erkläre ihm alles, oder möglicherweise lebt ja einer von euch KollegInnen mit solch einem Menschen zusammen, dann könnt ihr einen Vermittlungsversuch starten.

Friedhof der Kuscheltiere

In meinem ersten Lebensjahr habe ich unzählige Kuscheltiere zum Spielen bekommen. Mein Erstes – einen riesigen Elefanten brachte Frauchen bereits bei ihrem zweiten Besuch in meinem Wurf-Zuhause mit.

Ich hoffe für euch, ihr bekommt auch ganz viele Spielsachen. Aber bitte wundert euch nicht, wenn eure Menschen euch diese nach einer gewissen Zeit wieder wegnehmen.

Wenn ich ein neues Kuscheltier bekomme, dann bringe ich es erstmal in Sicherheit in mein Körbchen. Dort wird es beschnuppert und haargenau betrachtet. Ist mein Besitz erst mal gesichert, bringe ich es zu einem Rudelmitglied, damit es mit mir spielt.

Am liebsten mag ich das Zerrspiel. Meistens gewinne ich, aber hin und wieder lasse ich das Kuscheltier auch los, damit meine Menschen nicht die Freude am Spiel verlieren.

Nach ein paar Tagen beginne ich am Kuscheltier zu knabbern. Ich beiße und ziehe, bis sich irgendwo eine Naht öffnet und ich zu der weißen Wattefüllung komme.

Oh, dieser Moment ist köstlich!

Ich ziehe all die Wattebäuschchen aus dem Kuscheltier, bis es ganz flach ist. Bei diesem Spiel muss ich jedoch Acht geben, dass meine Menschen beschäftig sind, sonst nehmen sie mir alles weg.

Ja, stellt euch das vor! Nachdem ich mich so bemühe und endlich einen Weg finde, um an die Wattebäuschchen zu gelangen, werden sie mir weggenommen und wenn ich ganz großes Pech habe, bekomme ich auch das Kuscheltier nie wieder zu Gesicht.

Ein paar Tage später kommt dann ein Neues. Und das Spiel beginnt von vorne. Das macht mir zwar großen Spaß, ist aber auch ziemlich verschwenderisch von meinen Menschen. Ich muss ihnen noch beibringen, dass das Kuscheltier erst dann perfekt ist, wenn es ganz flach und zerkaut ist. Ich mag es gar nicht so neu und aufgebauscht.

Wenn ihr nun denkt, dass ich mit meinen 15 Monaten bereits zu alt für Kuscheltiere bin, dann möchte ich euch eines Besseren belehren. Ich liebe es so verspielt zu sein und ich bringe dazu Menschen, egal ob Alt oder Jung mit mir zu spielen und das ist eine großartige Eigenschaft. Spielen vermehrt nämlich das Glück in den Menschen. Aber dazu gleich mehr.

Unser Auftrag

Reine Lebensfreude auf vier Pfoten,
wir sind eure Glücksboten.

Liebe PfotenfreundInnen, wenn wir zu einem Menschen kommen, haben wir einen ganz speziellen Auftrag, den wir erfüllen müssen. Ich spreche nicht von den alltäglichen Aufgaben, wie beschützen, behüten, Sachen finden und spielen. Nein, unser größter Auftrag ist es, den Menschen beizubringen, wie man glücklich ist. In meinem Wurf-Zuhaue bin ich bei einem kleinen Zweibeiner aufgewachsen, der noch genau wusste, wie glücklich sein funktioniert. Somit bin ich davon überzeugt, dass die Menschen ganz tief im Inneren wissen, was sie glücklich macht. Wenn sie klein sind, ist ihr Glück ganz groß, doch je größer sie werden, desto kleiner wird ihr Verständnis vom Glück.

Unser Auftrag ist es somit, dieses Glück wieder wachsen zu lassen. Wie das genau funktioniert, kann ich euch leider nicht mitteilen. Ich bin selbst noch am Ausprobieren.

Kuscheln scheint gut zu wirken. Wenn mein Frauchen abends von der Arbeit kommt, ist sie oft ganz leer. Ich umarme sie dann stürmisch, drücke ihr ein paar nasse Küsschen auf die Stirn und kuschle mich an sie. Ihre Augen glänzen dann und ich merke, wie sie Stück für Stück froher wird und das Glück in ihr wieder wächst.

Schabernack ist auch eine beliebte Methode von mir. Wenn meine Menschen den Kopf ganz voll haben und sich im Gesicht tiefe Furchen zeigen, dann stehle ich Socken, zerre an Kleidung, verstecke Handschuhe, zerreiße Taschentücher, krame meine Spielsachen hervor und belle solange, bis sie mit mir spielen. Dann werde ich oft „Lauser" genannt. Das muss glaube ich so etwas wie ein Glücksbringer sein.

Ganz lange in die Augen schauen ist auch eine bewährte Methode. Ihr seht dann nämlich bis ganz nach Innen. Und indem ihr so lange hinschaut, versteht euer Mensch, dass in ihm etwas ganz Besonderes und Wunderschönes sein muss. Etwas, das so magisch ist, dass es einem, wenn man es einmal entdeckt hat, schwer fällt wieder wegzusehen.

Abenteuer vermehren das Glück auch ungemein und der berühmte Hundeblick sowieso. Mit diesem Blick habe ich das ganze erweiterte Rudel um die Pfote gewickelt. Die eine Zweibeinerin, die zuerst Angst vor uns Hunden hatte, geht nun sogar mit mir spazieren. Und dann gibt es in meinem Rudel noch einen Zweibeiner, der ein bisschen lustig geht und ein wenig ungelenkig ist. Der mag mich so sehr, dass er sich sogar zu mir auf den Boden hockt, um mit mir zu spielen. Das schätze ich sehr, weshalb er auch der einzige im Rudel ist, bei dem ich ganz vorsichtig bin und mein stürmisches Temperament zügle.

Ihr seht es gibt unzählige Methoden Menschen glücklich zu machen. Am besten ihr probiert einige davon aus und beobachtet ihre Auswirkungen. Ich wünsche euch ganz viel Erfolg bei der Erfüllung eures Auftrages, es wird euch so viel Freude machen, ich verspreche es!

Es war mir ein riesengroßes Anliegen meine ersten Hundeerfahrungen mit den Zweibeinern zu teilen, um meinen PfotenfreundInnen den Start in ein glückliches Hundeleben zu erleichtern. Eure Menschen werden zu Beginn eures Zusammenlebens ihre Nase in ganz viele schlaue Ratgeber stecken. Mein Frauchen hat das auch getan. Doch alsbald bemerkte sie, dass die Bücher zwar hilfreiche Tipps liefern, wir beide jedoch unsere ganz eigene Geschichte schreiben. Ich hoffe, dass eure Menschen auch mein Buch lesen, um zu verstehen, dass die Antworten auf die ganz großen Fragen nicht in irgendwelchen Hunderatgebern zu finden sind, sondern in ihren und euren Herzen.

Es gebe noch so Vieles, das ich euch erzählen möchte: Von meinem ersten Urlaub am großen, ekelig schmeckenden Wasser, das einem entgegenspringt und von meinen Ferienhäusern, und... Aber das Wichtigste wurde gesagt und wenn ihr mehr Geschichten von mir lesen möchtet, dann schaut auf meinem Blog - Balu's Blog www.balusblog.at. – vorbei.

Pfötchen, Balu!

Nachwort

Seelenversteher schwarz wie die Nacht,
hast meinem Leben Glück gebracht,
Reiner Dank wäre zu pauschal,
zu verrückt, ein eigenes Denkmal.
Augen, die mehr sehen als die Schicht,
unterscheiden nicht zwischen Dunkel und Licht.
In einer Welt der Oberflächlichkeit,
bin ich bereit,
zu vertrauen.
Denn du lehrst es mir.
Vertrauen dir und mir.

Christina Terle